sobinfluenciaedições

20

**teses sobre a
subversão da
metrópole**

tesi sulla
sovversione
della metropoli

MARCELLO TARÌ

DA FÁBRICA À METRÓPOLE, E ALÉM

Jefferson Viel

Ao lermos as *Vinte teses sobre a subversão da metrópole*, de Marcello Tarì, deparamo-nos com a profusão de um vocabulário que talvez ainda cause espanto àqueles habituados aos cânones do pensamento marxista. Termos como formas-de-vida, multidão, território, metrópole, espetáculo, linhas de fuga, biopoder etc., provenientes de distintas tradições da ação e do pensamento políticos do último século, como o situacionismo, o pós-estruturalismo francês e o autonomismo italiano, parecem substituir velhas noções, como as de fábrica, de proletariado e de partido. Essa mudança vocabular, é claro, não deve ser meramente creditada às preferências estilísticas do autor ou a qualquer hesitação de sua parte em precisar a corrente prático-teórica que embasa seu discurso. Tarì é herdeiro da tradição de lutas contra o capital que, depois de um amargo e forçado inverno fascista, se reavivou no pós-guerra e, entre os anos 1960 e 1970, se enriqueceu e convulsionou a sociedade italiana. Com a repressão violenta dos diversos grupos que faziam a crítica do estado de coisas presente e que experimentavam novas formas potenciais de viver em sociedade, promovida pelo Estado italiano no que ficou conhecido como os "anos de chumbo", vários representantes dessa tradição se exilaram na França, onde encontraram o abrigo da Doutrina Mitterrand e a riqueza prática e teórica de algumas correntes locais de contestação e de criação política e social. O vocabulário testemunhado em *Vinte teses sobre a subversão da metrópole* porta em si a trajetória dessa tradição. Mais que isso, porém, ele igualmente carrega as transformações na maneira como o próprio capital, assim como aqueles que resistem à exploração e à opressão por ele perpetrada, se comporta. Sob essa perspectiva, Tarì, tal qual os operaristas e autonomistas italianos que o precederam, pouco se afasta de Marx: o cerne da ação do capital deve ser reconhecido no "terreno oculto da produção". Ou seja, são as transformações nas formas de acumulação do capital, particularmente em sua esfera produtiva, que permitem argumentar em favor da subversão não mais apenas dos operários nas fábricas, mas, sobretudo, das formas-de-vida multitudinárias na metrópole. Nesta apresentação, intento, em primeiro lugar, recordar muito brevemente de que transformações se trata, conforme a leitura da tradição à qual Tarì se filia e, em seguida, indicar certos desafios impostos ao modelo das greves metropolitanas em um mundo pós pandêmico.

**

Antes de tudo, convém advertir que sustentar ser o "terreno oculto da produção" o cerne da ação capitalista não implica qualquer reducionismo economicista da interpretação marxiana do capital.

Já nas páginas dos *Quaderni Rossi*, durante os anos 1960, e precisamente contra as vertentes economicistas do marxismo, operaristas como Mario Tronti insistiram no decisivo aspecto político do terreno produtivo. Na produção, afirmava o Tronti, pode-se verificar não apenas o comando do capital sobre o trabalho e, portanto, o exercício do poder patronal sobre o operário (que deverá trabalhar em determinado espaço, em determinado tempo, com o auxílio de determinadas ferramentas etc.), mas também uma relação de coerção que força o último a gerar mais-valor. A importância desse aspecto do terreno produtivo aumenta ainda mais quando se considera a natureza social do trabalho na produção capitalista. Com o desenvolvimento das formas de produção, impelido, de uma parte, pela própria dinâmica de acumulação do capital e, sobretudo, de outra, pela resistência que lhe impõem os trabalhadores, testemunha-se uma socialização cada vez maior da esfera produtiva, assim como uma crescente expansão desta na direção das demais esferas da vida social, que a ela se veem paulatinamente integradas. Como resultado dessas expansão e integração, surge o que os operaristas chamaram de fábrica-social.

O conceito de fábrica-social busca definir uma dimensão da socialização da produção em que os traços característicos da organização fabril, isto é, da forma específica do domínio político do capital sobre o trabalho, são disseminados por toda a sociedade. Na fábrica-social, sempre de acordo com Tronti, as posições originalmente ocupadas pela produção e pela sociedade invertem-se: em vez de aquela preencher um mero momento da vida social, são as relações sociais que passam a constituir um momento das relações produtivas. Assim, quando a fábrica – noção que, nesse contexto, deve ser compreendida "cientificamente", como ensinara Lênin em seu exame do desenvolvimento do capitalismo na Rússia – estende seu domínio para toda a sociedade, a sociedade passa a viver em função da fábrica, isto é, vê-se reduzida por inteiro a uma articulação da produção capitalista.

A esse respeito, convém insistir não ser objetivo da fábrica-social simplesmente alargar o tempo de exploração do trabalho para além da jornada diária do trabalhador, ou seja, para seu tempo livre, em uma espécie de reedição, em terreno ampliado, do que antes fora feito com o prolongamento indiscriminado da jornada de trabalho na sanha de se obter taxas acrescidas de mais-valor absoluto. Ao contrário, a mudança descrita por Tronti é qualitativa e impõe transformações decisivas tanto nas formas de produção do capital quanto no que os operaristas, com destaque para Romano Alquati, chamaram de composição da classe operária. Trata-se de derrubar os muros que separam fábrica e sociedade, a fim de que esta seja absorvida por aquela e, então, de que a existência mesma da fábrica pareça desaparecer, dado que, ao apropriar-se do todo social, as relações específicas da produção capitalista assumem o aspecto de relações sociais gerais. Desse modo, com o advento da fábrica-social, além de se consolidar a determinação das demais etapas do ciclo econômico pela produção, já indicada por Marx na "Introdução" aos *Grundrisse*, observa-se mais um passo do capital no processo histórico de mistificação da relação de exploração por ele perpetrada.

Contudo, o desenvolvimento da produção capitalista implica o da exploração do trabalho e, por conseguinte, o da luta de classes. A partir da leitura do primeiro livro de *O capital*, Tronti destaca as lutas pela redução da jornada de trabalho a 10 horas na Inglaterra como exemplo paradigmático desse desenvolvimento. Nelas, as discussões a respeito da jornada de trabalho deixam de ser tratadas pelo operário isolado e por seu patrão específico, a partir de uma perspectiva contratual, meramente econômica, privada, e começam a envolver todo o terreno social, em uma disputa de conteúdo diretamente político entre o conjunto dos operários e o conjunto dos capitalistas, isto é, a classe operária e a classe capitalista. É nesse novo terreno – que envolve inclusive a participação do Estado, pois implica a mediação legislativa, o uso do direito, a intervenção da lei etc. – que se pode desenvolver o enfrentamento geral entre classes, sugere Tronti. Ou seja, no ponto do desenvolvimento das formas da produção capitalista caracterizado pela fábrica-social, não só o terreno produtivo que ultrapassa os muros da fábrica. Também a resistência ao capital e, portanto, a luta de classes se alastram para todo o âmbito da sociedade.

**

Ainda que privilegiassem o aspecto político e a dimensão social da produção, ainda que advertissem para a expansão dos traços específicos da produção fabril para toda a sociedade, por muito tempo os operaristas italianos reservaram tão só aos trabalhadores das grandes firmas a primazia das lutas contra o capital. Essa maneira de compreender a luta de classes por certo se amparava na leitura que faziam da obra de Marx, mas também, e decisivamente, no quadro do estrondoso desenvolvimento da economia italiana nas primeiras décadas após o término da Segunda Guerra. Todavia, ela não resistirá a um conjunto de acontecimentos da maior envergadura para todo o pensamento político do último terço do século passado: os levantes de 1968 – que, na Itália, de certo modo, se estenderam até 1979. A partir de 1968, dirá um operarista como Antonio Negri, não há mais espaço para a propedêutica política. Os levantes multifacetados em diversos países do mundo revelaram novos personagens, a um só passo objetos da exploração capitalista e agentes políticos de combate ao capital, até então desapercebidos tanto pelo marxismo oficial dos partidos comunistas e socialistas quanto pelo marxismo dissidente. A partir do vocabulário operarista de definição das composições da classe operária, esses novos personagens foram chamados por Negri de operários-sociais.

O operário-social, argumenta o filósofo, surge como resultado da expansão do *locus* da produção capitalista já discutida por autores como Tronti. A abstração cada vez maior do trabalho e sua dispersão por toda a esfera social geraram uma nova espécie de proletariado, disseminado pelo território, conforme o vocabulário da época, e que congregava tanto a esfera diretamente produtiva quanto a da reprodução social. Assim, ao lado do operário-massa (geralmente representado pelo trabalhador do sexo masculino das grandes plantas industriais, novos sujeitos, tais quais os trabalhadores de pequenas oficinas, os trabalhadores marginalizados, os desempregados, os estudantes, as mulheres e, então, os homossexuais, os imigrantes e outros foram compreendidos como alvos da exploração capitalista e, portanto, como parte integrante de uma nova classe operária cujas lutas, por vezes específicas, integravam-se em um turbilhão capaz de ameaçar o capital.

Mas, se a categoria de operário-social pôde ser criticada por suas limitações empíricas na década de 1970, o passar dos anos tornou indiscutível a relevância dos novos sujeitos políticos a quem ela pretendeu nomear para a compreensão da dinâmica das lutas de crítica e de criação social na contemporaneidade. Desde então, assistiu-se à formação de uma pletora de diferentes grupos sociais submetidos e resistentes às mazelas do modo capitalista de produção, em uma conjuntura na qual, para tomar de empréstimo as palavras de Tarì, este está em toda a parte. Sem embargo, como o leitor conferirá no escrito aqui prefaciado, a metrópole tem lugar privilegiado na formação desse território produtivo totalizante. Nela, dispõem-se os pontos nodais e as principais linhas de organização das cadeias produtivas, especialmente as redes logísticas responsáveis pela circulação de mercadorias – inclusive aquela, que se difere de todas as outras: a força de trabalho. Quando a produção se embaralha com a reprodução e toma a esfera social, particularmente no território metropolitano, não se torna difícil compreender o papel das greves sociais, encampadas pelos mais diversos grupos insurretos no enfrentamento ao comando capitalista.

É esse o ponto de partida das *20 teses* de Tarì. Esse modelo de sublevação metropolitana, que talvez tenha sido visto pela primeira vez nas greves parisienses de dezembro de 1995, tornou-se um instrumento de luta fundamental para a resistência ao capital e para a reapropriação do valor criado pelo trabalho da multidão, trabalho esse que se expressa, entre outros lugares, nas formas de vida que ocupam o território urbano. Antes de passa à conclusão desse prefácio, entretanto, proponho uma última nota histórica, a fim de, sempre a partir da tradição teórica e política à qual Tarì se filia, contribuir para explicar o tipo, bastante rico, de vocabulário utilizado pelo autor.

Conquanto discretamente, acima foi sugerida uma passagem dos embates italianos contra o capital, nos anos 1960 e 1970, a um embate francês, nos anos 1990. Essa passagem do sul ao norte dos Alpes não diz respeito apenas a casos exemplares de sublevação na última metade do século passado, mas a um deslocamento da própria perspectiva a partir da qual tais sublevações foram observadas. No fim dos anos 1970, os movimentos autonomistas da Itália foram combatidos por uma colossal repressão do Estado, o que levou à prisão, à morte ou ao exílio de dezenas de milhares de militantes e intelectuais, entre os quais, alguns dos principais representantes teóricos da Autonomia operária. No caso do exílio, o destino preferencial desses militantes foi a França, onde o longevo governo do socialista François Mitterrand permitiu a presença dos expatriados. Lá, aqueles que, apesar da limitação de sua atividade militante, decidiram continuar a se dedicar à investigação do desenvolvimento do capital e da luta de classes entraram em contato direto com o pensamento político francês e nele puderam reencontrar certos temas e abordagens que, como defendido alhures, além de se aproximarem dos discutidos na Itália, os enriqueciam. É o caso, nomeadamente, do pós-estruturalismo francês e do situacionismo, que ofereceram conceitos fulcrais para o texto de Tarì.

***

Como Tarì deixa claro em suas *20 teses*, o bloqueio é uma arma fundamental para a greve biopolítica. Uma vez que a produção se estende por todo o terreno metropolitano, o bloqueio das trilhas dessa produção – nomeadamente suas cadeias logísticas, como o transporte público, que leva os trabalhadores a seus postos de trabalho, as estradas, ferrovias, hidrovias etc., que permitem o escoamento da produção, e as linhas de comunicação telemática, que organizam de ponta a ponta o processo produtivo – não pode senão atravancar a valoração capitalista do valor. Porém, com o advento e a longa duração da pandemia de Covid-19, a expansão intensiva da produção capitalista parece ter rompido de maneira decisiva mais um território, antes devotado ao tempo livre: o território doméstico.

Convém explicar, isso certamente não representa uma novidade absoluta. Por um lado, as formas de trabalho em ambiente doméstico eram abundantes antes da hegemonia do modelo produtivo da grande indústria. Por outro, já nos anos 1990 autores como Sergio Bologna, Maurizio Lazzarato e Antonio Negri relatavam a importância do desenvolvimento de certo tipo de empreendimento familiar, que tinha o ambiente doméstico como o *locus* da produção. Tratava-se de pequenas oficinas, estabelecidas em grande medida no noroeste italiano, que assumiam parte, maior ou menor, da produção de uma grande empresa. Dedicadas sobretudo aos ramos metalúrgico e têxtil, essas oficinas eram tocadas quer pelo trabalhador formal, geralmente um jovem com formação de nível técnico, em seu tempo livre ou em sua prática do absentismo, quer pela matriarca da família, mas, em ambos os casos, sempre com o auxílio do núcleo familiar mais próximo e, a depender do sucesso do empreendimento, até o do mais distante. Com esse deslocamento da fábrica para a metrópole, era possível verificar a um só passo o desenvolvimento por parte dos trabalhadores, de um empreendedorismo social, fruto da recusa ao trabalho assalariado e cioso da conquista da autonomia na produção, e, por parte das grandes empresas, um processo de externalização, ou terceirização, da produção, assim como a precarização geral do trabalho. Nesse modelo, encontramos o germe da forma de acumulação do capital que tem se tornado hegemônica em nossos dias.

O desenvolvimento desse germe, porém, acarretou ao menos uma diferença crucial em relação a sua forma primeira. Paulatinamente, como também já indicavam os autores supracitados, o móbil inicial da recusa do trabalho e do controle operário sobre a produção, presentes no deslocamento da fábrica à metrópole, perdia preponderância ante a gestão empresarial sobre o trabalho externalizado. Ou seja, ao mesmo tempo em que se despojavam dos custos associados à força de trabalho e às plantas fabris e que passavam a se dedicar a formas de acumulação vinculadas ao mercado financeiro, as grandes empresas mantiveram sua capacidade de organizar a produção autônoma das novas formas de empreendedorismo social. Em contrapartida, o trabalhador assumia todos os riscos associados a seu empreendimento, enquanto permanecia completamente subordinado aos ditames do patrão, então tornado, mero contratante dos serviços de sua empresa. Processo semelhante parece-me ter ocorrido com a massa de trabalhadores que, durante a pandemia de COVID-19, aderiu ao teletrabalho. Embora este permita maior flexibilidade no cumprimento das atividades laborais, não se pode dizer que promova um maior controle sobre o trabalho, de sorte que a subordinação aos ditames da empresa permanece intata, mesmo que o trabalhador se encontre em ambiente doméstico. Somado a isso, na grande maioria dos casos, com a migração massiva para o teletrabalho durante a mencionada pandemia, as grandes empresas, que historicamente já haviam se livrado de uma série de custos com a força de trabalho, desoneram-se também de custos relativos ao dito capital fixo, doravante assumidos pelos trabalhadores.

Ademais, se, no último terço do século passado, período examinado pelos autores supracitados, a produção ocupava antes de tudo os territórios sociais, se ela se distribuía quase exclusivamente sobre as geografias físicas do capitalismo, hoje assumem um papel fundamental as diferentes formas de trabalho executadas por meio da rede mundial de computadores. Diante disso, como pensar os bloqueios metropolitanos? Em uma entrevista concedida a Negri, Gilles Deleuze já apontava para as novas máquinas que exprimiam as formas sociais de nosso período histórico. Enquanto as sociedades de soberania manejavam máquinas simples, como roldanas e relógios, e as sociedades disciplinares, máquinas energéticas, passíveis de sabotagem, nossas sociedades de controle, ele dizia, operam por máquinas informáticas, que tem na introdução de vírus e na ciberpirataria, destinadas a substituir as greves e a sabotagem clássicas, formas específicas a partir das quais é possível travar combate. Evidentemente, os bloqueios metropolitanos são ainda fundamentais para as lutas de contestação e criação social, como mostraram os já citados levantes parisienses de 1995 ou a tão maldita, por parte expressiva da esquerda brasileira, greve dos caminhoneiros em 2018. Sem embargo, em um mundo no qual a produção capitalista sofrera apenas um abalo temporário, quando taxas massivas da população mundial se recolhia em suas casas, o novo terreno digital de lutas, a sabotagem cibernética não poderá ser negligenciada.

BIBLIOGRAFIA

ALQUATI, Romano. "Relazione sulle 'forze nuove': Convegno del PSI sulla FIAT, gennaio 1961". *In*: ALQUATI, Romano. *Sulla FIAT e altri scritti*. Milano: Feltrinelli, 1975 (Storia).

_____. *Ricerca sulla struttura interna della classe operaia*. *In*: _____. *Sulla FIAT e altri scritti*. Milano: Feltrinelli, 1975 (Storia).

_____. "Ulteriori note sull'università e il territorio". *In*: ALQUATI, Romano; NEGRI, Nicola; SORMANO, Andrea (Org.). *Università di ceto medio e proletariato intellettuale*. Torino: Stampatori, 1968.

BASCETTA, Marco *et al*. "Italia, 1960-1981: un laboratorio político de la lucha de clases en la metrópoli capitalista" *In*: NEGRI, Antonio. *Los libros de la autonomía obrera: antagonismo, organización, comunismo: hipótesis para la nueva política del sujeto hiperproletario global*. Trad. Marta Malo de Monila Balderon; Raúl Sanchez Cedillo. Madrid: Akal, 2004 (Cuestiones de Antagonismo).

BATTAGGIA, Alberto. Operaio massa e operaio sociale: alcune considerazioni sulla "nuova composizione di classe". *Primo Maggio*, v. 14, 1980.

BOLOGNA, Sergio. "Problematiche del lavoro autonomo in Italia (1)". *Altre Ragioni*, v. 1, 1992.

CASARINO, Cesar; NEGRI, Antonio. "A class-struggle propaedeutics: 1950's-1970's". *In: id. In the praise of de common: a conversation on Philosophy and Politics*. Minneapolis; London: University of Minnesota, 2008.

DELEUZE, Gilles. *Conversações: 1972-1990*. Trad. Peter Pál Pelbart. 2ª ed., São Paulo: 34, 2010 (Trans).

GERVASONI, Marco. "La gauche italienne, les socialistes français et les origines de la 'doctrine Mitterrand'". *In*: LAZAR, Marc; MATARD-BONUCCI, Marie-Anne (Orgs.). *L'Italie des années de plomb: le terrorisme entre histoire et memoire*. Paris: Autrement, 2010 (Mémoirs).

GINSBORG, Paul. *A story of contemporary Italy: 1943-1980*. London: Penguin, 1990 (History).

HARMAN, Chris. *The fire last time: 1968 and after*. London: Bookmarks, 1988.

LAZZARATO, Maurizio; MOULIER-BOUTANG, Yann; NEGRI, Antonio *et al* (Org.). *Des entreprises pas comme les autres: Benneton en Italie, le Sentier à Paris*. Paris: Publisud, 1993.

LÊNIN, Vladmir Ilitch. *O desenvolvimento do capitalismo na Rússia : o processo de formação do mercado interno para a grande indústria*. Trad.: José Paulo Netto. São Paulo: Abril Cultural, 1982 (Os Economistas).

MARX, Karl. "Introdução". *In: id. Grundrisse: manuscritos econômicos de 1857-1858: esboços da crítica da economia política*. Trad.: Mario Duayer e Nélio Schneider. São Paulo: Boitempo, 2011 (Marx e Engels);

_____. *O capital: crítica da economia política*. Livro I: *o processo de produção do capital*. Trad.: Rubens Enderle. São Paulo: Boitempo, 2013 (Marx e Engels);

NEGRI, Antonio. "Operai e Stato". *In: id. I libri del rogo*. Roma: DeriveApprodi, 2006 (Biblioteca dell'operaismo).

_____. *Dalla fabbrica ala metropoli: saggi politici*. Roma: Datanews, 2007 (Alcazar).

_____. *Dall'operaio massa all'operaio sociale: intervista sull'operaismo*. Verona: Ombre Corte, 2007 (Culture).

TARÌ, Marcello. *Um piano nas barricadas: por uma história da autonomia, Itália 1970*. Trad.: Edições Antipáticas. São Paulo: Glac; n-1, 2019.

TRONTI, Mario. "A fábrica e a sociedade". *In: id. Operários e capital*. Trad.: Carlos Aboim de Brito e Manuel Villaverde Cabral. Porto: Afrontamento, 1972 (Saco de Lacraus, 7).

VIEL, Jefferson. "Prefácio". *In*: NEGRI, Antonio. *Deleuze e Guattari: uma filosofia para o século XXI*. Jefferson Viel (Org.). Trad.: Jefferson Viel. São Paulo: Politeia, 2019.

METRÓPOLE METRO
OPOLI METRÓP
LE METROPOLI MET
TRÓPOLE METROPOL
LI METRÓPOLE METR
TROPOLI METRÓPOL
LE METROPOLI
TRÓPOLE METROPOL
LI METRÓPOLE MET
TROPOLI METRÓPOL
LE METROPOLI METR
ÓPOLE METROPOLI M

OLI **METRÓPOLE**ME-
E METROPOLI **METRÓ**
ÓPOLEMETROPOLI
METRÓPOLEMETRO
POLI **METRÓPOLE**
METROPOLI **METRÓ-**
ETRÓPOLEMETROPO
METRÓPOLEMETRO
POLI **METRÓPOLI**
METROPOLI **METRÓ-**
POLEMETROPOLI **ME-**
TRÓPOLE METROPO
METRÓPOLEMETROP

TESI 1

Definiamo metropoli quell'insieme compatto di territori e di dispositivi eterogenei attraversato in ogni punto da una sintesi disgiuntiva; non vi è alcun punto della metropoli, infatti, in cui allo stesso tempo non sia diano potenzialmente comando e resistenza, dominio e sabotaggio. Un processo antagonistico tra due parti, la cui relazione consiste nell'inimicizia, innerva totalmente la metropoli. Da un lato essa consiste, fedele alla sua etimologia, nell'esercizio di un comando che si irradia su tutti gli altri territori – per questo ovunque vi è *della* metropoli. Essa è lo spazio in cui e da cui l'intensità e la concentrazione dei dispositivi dell'oppressione, dello sfruttamento e del dominio si esprimono al loro massimo grado ed estensione. Nella metropoli collassano e *finiscono* la città e la campagna, la modernità e le seconde nature. Nella metropoli l'industria, la comunicazione e lo spettacolo fanno un tutt'uno produttivo, laddove al governo è demandato il compito di connettere e controllare la cooperazione sociale che ne è alla base per poi poterne estrarne plusvalore attraverso gli apparati biopolitici. Dall'altro lato, essa è l'insieme dei territori in cui una eterogeneità di forze sovversive – singolari, comuni, collettive – riesce a esprimere il livello tendenzialmente più *organizzato* e *orizzontale* di antagonismo

TESE 1

Definimos por metrópole o conjunto compacto de territórios e dispositivos heterogêneos atravessados em cada um de seus pontos por uma síntese disjuntiva; de fato, não há ponto algum da metrópole em que, ao mesmo tempo, não se exerçam potencialmente comando e resistência, domínio e sabotagem. Um processo antagonista entre duas *partes*, cuja relação consiste na inimizade, inerva totalmente a metrópole. Por um lado, fiel a seu significado etimológico, ela consiste no exercício de um comando que se irradia sobre todos os outros territórios – por isso, a metrópole está em *toda parte*.[1] Ela é o espaço no qual e do qual a intensidade e a concentração dos dispositivos da opressão, da exploração e do domínio se expressam em seu grau e extensão máximos. Na metrópole, colapsam e *findam* a cidade e o campo, a modernidade e a segunda natureza. Na metrópole, a indústria, a comunicação e o espetáculo formam um todo produtivo, que tem por base a cooperação social, e ao governo é atribuída a tarefa de controlar e de conectar essa cooperação, para dela extrair mais-valor mediante

[1] Nota do tradutor: "*Ovunque vi è della metropoli*", em italiano. Como se verifica na argumentação de Tarì, trata-se de expressar a ideia de que a metrópole estende seus tentáculos a todos os demais territórios. Nesse sentido, a frase em questão também poderia ser traduzida por "todos os lugares *pertencem* à metrópole".

al comando. Non vi sono luoghi e non luoghi nella metropoli: vi sono territori occupati militarmente dalle forze imperiali, territori controllati dal biopotere e territori che entrano in resistenza. A volte, molto spesso, accade che queste tre tipologie di territorio si attraversino l'un l'altro, altre volte che l'ultimo si separi dagli altre due e altre ancora che esso entri in guerra contro di loro. La banlieue è emblematica di questo "terzo" territorio: ma se vi è ovunque *della* metropoli, è anche vero che ovunque vi è *della* banlieue.

Nell'estensione metropolitana della vita comune vive l'intensità dell'immaginazione rivoluzionaria del comunismo che viene.

aparatos biopolíticos. Por outro lado, a metrópole é o conjunto dos territórios em que uma heterogeneidade de forças subversivas (singulares, comuns, coletivas) consegue expressar o nível tendencialmente mais *organizado* e *horizontal* de antagonismo ao comando. Nela, não há lugares e não lugares: há territórios ocupados militarmente por forças imperiais, territórios controlados pelo biopoder e territórios que entram em resistência. Às vezes, bastante amiúde, esses três tipos de território interpenetram-se; outras vezes, o último se separa dos primeiros; e, ainda em outras, entra em guerra contra eles. A periferia [*banlieue*] é emblemática desse "terceiro" território: mas se a metrópole está em *toda parte*, é também verdade que em *toda parte* está a periferia.

Na extensão metropolitana da vida comum vive a intensidade da imaginação revolucionária do comunismo que vem.

NELL'ESTENSIONE
METROPOLITANA
DELLA VITA COMUNE
VIVE   L'INTENSITÀ
DELL'IMMAGINAZIONE
RIVOLUZIONARIA
DEL   COMUNISMO
CHE   VIENE.

NA EXTENSÃO
METROPOLITANA
DA VIDA COMUM
VIVE A INTENSIDADE
DA IMAGINAÇÃO
REVOLUCIONÁRIA
DO COMUNISMO
QUE VEM.

Nelle lotte metropolitane lo *sciopero biopolitico* definisce l'articolazione principale della strategia di attacco che le forme-di-vita irriconciliate portano verso la metropoli del comando. Il rifiuto del lavoro oggi non può essere altro che rifiuto di cedere pezzi di vita, frammenti di affetti e bradelli di sapere al capitalismo cibernetico. Lotta al capitalismo oggi è direttamente sottrazione dei corpi allo sfruttamento e attacco alla rendita, guerriglia contro la *gentrificazione* e appropriazione violenta del comune, sabotaggio dei dispositivi di controllo e destabilizzazione della rappresentanza politica e sociale. Ma anche, altrettanto direttamente, sperimentazione selvaggia dentro le forme-di-vita, liberazione degli affetti, costruzione di comuni, inoculazione di felicità e dinamica espansiva dei desideri. Così come sono i corpi – tanto in quanto singolarità che in quanto popolazione - ad essere il bersaglio della *polizia biopolitica* e dello sfruttamento, così è solo a partire dalla singolarità dei corpi che comincia ogni sciopero umano, biopolitico, psichico, generale contro la metropoli: è nella singolarità in quanto forma-di-vita che dimora quell'Ingovernabile che resiste a biopotere. La manifestazione femminista del 24 novembre, la piazza italiana più radicale in questo 2007, ne è stata una magnifica espressione.

TESE 2

Nas lutas metropolitanas, a *greve biopolítica* define a articulação principal da estratégia de ataque que as formas-de-vida inconciliáveis movem contra a metrópole do comando. Hoje, a recusa ao trabalho não pode ser outra coisa que a recusa em ceder frações de vida, fragmentos de afetos, pedaços de saber ao capitalismo cibernético. Hoje, a luta contra o capitalismo consiste diretamente na subtração dos corpos à exploração e no ataque ao rentismo, na guerrilha contra a *gentrificação* e na apropriação violenta do comum, na sabotagem dos dispositivos de controle e na desestabilização da representação política e social. Consiste também, de modo igualmente direto, na experimentação selvagem formas-de-vida adentro, na libertação dos afetos, na construção de comuns, na injeção de felicidade e na dinâmica expansiva dos desejos. Do mesmo modo que são os corpos (tanto como singularidades quanto como população) o alvo da *polícia biopolítica* e da exploração, é somente a partir da singularidade dos corpos que tem início toda greve humana, biopolítica, psíquica, geral, contra a metrópole: é na singularidade como forma-de-vida que habita aquele Ingovernável que resiste ao biopoder. A manifestação feminista do dia 24 de novembro, o mais radical levante

L'iniziativa capitalistica può essere anticipata, a patto che al rifiuto diffuso singolarmente si accompagni la decisione di costruire una organizzazione metropolitana delle autonomie capace di portare le forme-di-vita ribelli a farsi moltitudini insorgenti. Quando le singolarità insorgono in quanto corpo comune, l'Ingovernabile può divenire processo rivoluzionario.

visto na Itália nesse ano de 2007, foi uma magnífica expressão disso.

A iniciativa capitalista pode ser antecipada, contanto que a recusa disseminada das singularidades seja acompanhada da decisão de construir uma organização metropolitana das autonomias capaz de levar as formas-de-vida rebeldes a constituir-se em multidões insurgentes. Quando as singularidades se insurgem como um corpo comum, o Ingovernável pode tornar-se processo revolucionário.

TESI 3

La tattica del *blocco* è essenziale alla effettività ello sciopero biopolitico quando questo si fa realmente metropolitano, ovvero quando eccede le specificità e si estende
ovunque come paralisi del controllo, blocco della circo-
lazione, viralità delle controcondotte, sospensione della
produzione e della riproduzione, interruzione della fabbrica della comunicazione. In una parola: impedimento del normale corso della valorizzazione capitalistica. I
blocchi sono ciò attraverso cui è possibile riconoscere il
farsi della *generalizzazione* dello sciopero biopolitico. I
piqueteros di Buenos Aires e l'insorgenza in Francia contro il CPE, ne hanno evidenziato la forza e la capacità
di organizzazione. I blocchi sono i segni materiali della
secessione dal capitale e dal biopotere. Ogni blocco metropolitano libera *altre* strade, *altri* passaggi, *altre* vite: il
blocco metropolitano è necessario alla costruzione e alla
difesa dell'esodo.

TESE 3

A tática do *bloqueio* é essencial para a efetividade da greve biopolítica quando esta se torna realmente metropolitana, ou seja, quando excede as especificidades [das lutas particulares] e se estende por toda parte como paralização do controle, como bloqueio da circulação, como irradiação das contracondutas, como suspensão da produção e da reprodução, como interrupção da fábrica da comunicação... em suma, como impedimento do curso normal da valoração capitalista. Mediante os bloqueios, é possível reconhecer a formação da *generalização* da greve biopolítica. Os *piqueteros* de Buenos Aires e a insurgência contra o CPE2 na França tornaram manifesta a força e a capacidade de organização [dos bloqueios]. Os bloqueios são os signos materiais da secessão em relação ao capital e ao biopoder. Cada bloqueio metropolitano libera *outras* estradas, *outras* passagens, *outras* vidas: o bloqueio metropolitano é necessário para a construção e para a defesa do êxodo.

[2] N. d. T.: O *Contrat Première Embauche* (CPE) foi o nome dado a um programa de incentivo à inserção e à manutenção de jovens abaixo dos 26 anos de idade no mercado de trabalho francês. Em linhas gerais, esse programa pretendia estimular a contratação dos jovens por meio da diminuição do custo de sua mão de obra, o que, na prática, significaria a diminuição de seus direitos trabalhistas e a precarização geral do trabalho. Por isso, o programa recebeu forte oposição da juventude, e, em seguida, dos sindicatos e dos partidos de esquerda, o que obrigou a um recuo por parte do governo.

TESI 4

Il *sabotaggio* risponde alla necessità di unificare la destabilizzazione del governo alla destrutturazione del comando e così rafforzare i blocchi metropolitani. Esso interviene a diversi livelli nella vita della metropoli: da quello anonimo del singolo che rallenta i ritmi di produzione-circolazione del valore fino all'intervento puntuale e devastante dentro un conflitto dichiarato. Nel primo caso esso è comportamento spontaneo, diffuso, contro il lavoro, nel secondo è intelligenza della sovversione che interrompe diagonalmente la mediazione del conflitto nella governamentalità. La scienza sovversiva della metropoli si definisce dunque anche come scienza del sabotaggio.

TESE 4

A *sabotagem* responde à necessidade de unificar a desestabilização do governo com a desestruturação do comando e, com isso, de reforçar os bloqueios metropolitanos. Ela intervém na vida da metrópole em diversos níveis: desde o anônimo, do sujeito que desacelera os ritmos de produção-circulação do valor, até a intervenção pontual e devastadora no interior de um conflito declarado. No primeiro caso, trata-se de um comportamento espontâneo, difuso, contra o trabalho; no segundo, é a inteligência da subversão que interrompe diagonalmente a mediação do conflito na governamentalidade. A ciência subversiva da metrópole, então, define-se igualmente como ciência da sabotagem.

TESI 5

Sciopero biopolitico, sabotaggio e blocco quando convergono tra di loro creano i presupposti della rivolta metropolitana. L'insurrezione metropolitana diviene possibile quando il concatenamento delle lotte specifiche e l'accumulazione delle rivolte si fa strategia complessiva che investe (o travolge...) territori, esistenze, macchine e dispositivi.

TESE 5

Quando convergem entre si, greve biopolítica, sabotagem e bloqueio criam os pressupostos da revolta metropolitana. A insurreição metropolitana torna-se possível quando o concatenamento das lutas específicas e o acúmulo das revoltas se constitui em estratégia abrangente que investe (ou convulsiona...) territórios, existências, máquinas e dispositivos.

centri sociali, gli spazi liberati, le case e i territori comunizzati, dovrebbero oggi essere sottoposti alla critica politica della moltitudine e trasformati in delle nuove Società di Mutuo Soccorso. Come avvenne tra il XVII e il XIX secolo, queste aggregazioni territoriali non solo potrebbero provvedere alla solidarietà tra le singolarità alla mutualità tra forme-di-vita e all'organizzazione delle lotte specifiche e generali, ma anche alla tessitura della coscienza delle singolarità e delle comunità in quanto comunemente oppresse e sfruttate. Il comune, in quanto atto politico, nasce quindi come processo in cui l'amicizia e la mutualità tra tutti coloro che sono spossessati si trasforma in una comune delle resistenze. Oggi ogni spazio socializzato può divenire quel luogo in cui delle intensità ribelli si condensano in organizzazione autonoma nella e contro la metropoli. Precari, lavoratori, gay, studenti, donne, lesbiche, insegnanti, migranti queer, bambini, singolarità qualunque devono poter fare riferimento a questi spazi per creare forme-di-vita rivoluzionarie e organizzarsi in modo che siano inattaccabili dalla *polizia biopolitica*. Elementi di comune – come le casse di mutuo soccorso, i saperi minori, le abitazioni condivise, gli orti e i giardini comunitari, gli strumenti autonomi di produzione e riproduzione, le passioni e gli

TESE 6

Hoje, os centros sociais,[3] os espaços coletivamente reapropriados,[4] as casas e os territórios comunizados devem ser submetidos à crítica política da multidão e transformados em novas Sociedades de Mútuo Socorro.[5] Tal como ocorreu entre os séculos XVIII e XIX, essas agregações territoriais poderiam propiciar não só a solidariedade entre as singularidades, a mutualidade entre as formas-de-vida e a organização de lutas específicas e gerais, mas também a urdidura da consciência das singularidades e das comunidades, dado que são normalmente oprimidas e exploradas. Então, o comum, na qualidade de ato político, nasce como processo em que a amizade e a mutualidade entre todos os despossuídos transformam-se em uma comuna das resistências. Hoje, cada

[3] N. d. T.: Em italiano, "*centro sociale*" designa estruturas, na maioria dos casos ocupadas e autonomamente geridas, que oferecem diversos serviços sociais, como bibliotecas, acesso à internet, oficinas culturais etc.

[4] N. d. T.: "*Spazi liberati*", em italiano. Trata-se de espaços subutilizados, degradados ou em estado de abandono reapropriados pela coletivamente pela população, que, a partir de uma gestão autônoma, busca recuperá-los e reverter seu uso em prol da comunidade.

[5] N. d. T.: As Sociedades de Mútuo Socorro, conforme a tradição italiana, ou, ainda, Sociedades de Apoio Mútuo ou de Resistência, consistiam em associações responsáveis pela criação e pela gestão de um fundo monetário, usado para garantir a assistência aos trabalhadores quando necessário, por exemplo, em um levante grevista.

affetti – vanno dunque recuperati, inventati, costruiti e messi a disposizione di tutti coloro che decidono di entrare in resistenza, in sciopero, in rivolta. L'insieme di tutti questi elementi costituirà, territorio per territorio, la Comune del XXI secolo.

espaço socializado pode tornar-se *aquele* lugar em que as intensidades rebeldes se condensam em organização autônoma na metrópole e contra ela. Trabalhadores precarizados, operários, *gays*, estudantes, mulheres, lésbicas, professores, imigrantes, *queer*, crianças, quaisquer que sejam as singularidades devem poder recorrer a esses espaços para criar formas-de-vida revolucionárias e organizar-se de modo a se tornarem inatacáveis pela *polícia biopolítica*. Elementos de comum – como os fundos de mútuo socorro, os saberes menores, as coabitações, as hortas e jardins comunitários, os instrumentos autônomos de produção e reprodução, as paixões e os afetos – devem, portanto, ser recuperados, inventados, construídos e disponibilizados a todos os que decidem entrar em resistência, em greve, em revolta. O conjunto de todos esses elementos constituirá, território por território, a Comuna do século XXI.

TESI 7

L'unica sicurezza a cui le forme-di-vita non remissive aspirano è nella fine dell'oppressione e dello sfruttamento. La miseria materiale ed etica a cui il biopotere costringe milioni di uomini e di donne è la fonte dell'insicurezza che nelle metropoli regna e governa sulle popolazioni. Di contro non bisogna cadere nel tranello del chiedere diritti, cioè più governo e quindi più non-libertà: l'unico diritto comune si crea e si determina attraverso il suo esercizio rivoluzionario. Ogni desiderio, ogni bisogno, ogni necessità che le forme-di-vita nella moltitudine sono in grado di esprimere sono in loro diritto. Così facendo esse depongono il Diritto.

TESE 7

A única segurança que as formas-de-vida insubmissas aspiram é o fim da opressão e da exploração. A miséria material e ética a que o biopoder constrange milhões de homens e mulheres é a fonte da insegurança que reina sobre a metrópole e que governa as populações. Diante disso, não há por que cairmos na armadilha de *reivindicar* direitos, isto é, de reivindicar *mais governo* e, portanto, uma maior ausência de liberdade: o único direito comum se cria e se determina por meio de seu exercício revolucionário. Cada desejo, cada carência, cada necessidade que conseguem exprimir as formas-de-vida na multidão são seu próprio direito. Assim, ao fazê-lo, elas põem *o* Direito.

TESI 8

Senza *rottura* non vi è alcuna possibilità di portare le linee di fuga oltre quella del comando. A ogni rottura corrisponde una dichiarazione di guerra delle forme-di--vita ribelli all'Impero metropolitano: ricordate Genova 2001. Nella metropoli vige una asimmetria tra biopotere e forme-di-vita, è evidente, ma è esattamente questa asimmetria a poter divenire un'arma fondamentale della guerriglia metropolitana: la forma-di-vita nell'urto con il comando si fa eccedenza e, quando si esprime con forza e potenza, può diventare organizzazione rivoluzionaria della vita comune.

TESE 8

Sem *ruptura*, não há possibilidade alguma de levar as linhas de fuga para além das do comando. A cada ruptura corresponde uma declaração de guerra das formas-de-vida rebeldes ao Império metropolitano: recorde-se Gênova, 2001. É claro, na metrópole vigora uma assimetria entre biopoder e formas-de-vida, mas é exatamente essa assimetria que pode se tornar uma arma fundamental da guerrilha metropolitana: as formas-de-vida, no choque contra o comando, tornam-se um excedente e, quando se exprimem com força e potência, podem transformar-se em organização revolucionária da vida comum.

TESI 9

Nella metropoli è l'articolazione e il concatenamento tra le diverse forze e non la mediazione che spunta le loro intensità a condurre il gioco delle alleanze sovversive. La costruzione e l'effettuazione della rivolta di Rostock, contro il G8 '07, ha mostrato la potenza di questo "gioco". Autonomia, come indicazione strategica per la secessione dal biopotere, significa composizione politica metropolitana di tutti i divenire-minore in un divenire--comune, una proliferazione orizzontale di controcondotte dislocate su di un unico piano di consistenza senza che mai si produca una *unità* trascendentale. Nella metropoli non c'è Soggetto rivoluzionario: c'è un piano di consistenza della sovversione che porta ciascuna singolarità a scegliere la sua *parte*.

TESE 9

Na metrópole, não é a mediação, mas a articulação e o concatenamento entre as diversas forças que impele a intensidade delas a conduzir o jogo das alianças subversivas. A constituição e a efetuação da revolta de Rostock, contra o G8, em 2007, mostraram a potência desse "jogo". Autonomia, como indicação estratégica para a secessão em relação ao biopoder, significa a composição política metropolitana de todos os devires-menores em um devir-comum, uma proliferação horizontal de contracondutas deslocadas sobre um único plano de consistência sem que jamais se produza uma *unidade* transcendental. Na metrópole, não há Sujeito revolucionário: há um plano de consistência da subversão que leva cada singularidade a escolher a sua *parte*.

TESI 10

La *parte* importante di ogni movimento sociale metropolitano è tutta nell'eccedenza a cui dà luogo. L'eccesso, in ogni sua forma, è l'espressione della verità di una lotta. Ciò che resta di ogni lotta è sempre una verità comune.

TESE 10

A *parte* importante de qualquer movimento social metropolitano se encontra inteiramente no excedente a que dá lugar. O excesso, em cada uma de suas formas, é a expressão da verdade de uma luta. O que resta de toda luta é sempre uma verdade comum.

TESI 11

Senza linguaggio condiviso non c'è mai possibilità di condividere una qualsiasi ricchezza. Il comune del linguaggio è costruito solamente nelle e dalle lotte.

TESE 11

Sem uma linguagem compartilhada, nunca há possibilidade de compartilhar qualquer riqueza. O comum da linguagem é construído apenas na luta e a partir da luta.

TESI 12

Uno dei più grandi pericoli per le forme-di-vita autonome è indulgere nella separazione *tecnica* tra la vita e il politico, tra gestione dell'esistente e sovversione, tra merce e uso comune, tra enunciazione e verità materiale, tra etica e attivismo cieco e fine a se stesso. La confusione tra ciò che è comune e ciò che ci tiene nella proprietà, nell'individualismo e nel cinismo va battuta nella pratica, ovvero attraverso un'etica del comune forgiata nel conflitto.

Il personale è biopolitico, la politica è l'impersonale.

TESE 12

Um dos maiores perigos para as formas-de-vida autônomas é consentir à separação *técnica* entre a vida e o político, entre gestão do existente e subversão, entre mercadoria e uso comum, entre discurso e verdade material, entre ética e ativismo cego, voltado a si mesmo. A confusão entre o que é comum e o que nos aprisiona na propriedade, no individualismo e no cinismo deve ser vencida na prática ou, então, por meio de uma ética do comum forjada no conflito.

O pessoal é biopolítico, a política é impessoal

TESI 13

Le architetture metropolitane dell'autonomia sono *tutte* orizzontali. Esse aderiscono così in *ogni* loro linea costitutiva alla forma-di-organizzazione e viceversa. Quelle del potere, in ogni sua forma e *ovunque* esso si presenti, sono tutte verticali ed è così che esse separano le singolarità dal comune. Queste architetture vanno disertate, accerchiate, neutralizzate e, quando è possibile, attaccate e distrutte.

L'unica verticalizzazione possibile dell'autonomia metropolitana stanello scontro con il dominio.

TESE 13

As arquiteturas metropolitanas da autonomia são *de todo* horizontais. Aderem, assim, em cada uma de suas linhas constitutivas, à forma-de-*organização* e vice-versa. Em contrapartida, as arquiteturas do poder, em *todas* as suas formas e *onde quer que* se apresentem, são *de todo* verticais, e é dessa maneira que, do comum, separam as singularidades. Essas arquiteturas devem ser abandonadas, sitiadas, neutralizadas e, quando possível, atacadas e destruídas.

A única verticalização possível da autonomia metropolitana está no embate com o domínio.[6]

---

[6] N. d. T.: Nessa passagem, Tarì parece jogar com dois significados da palavra italiana "*verticalizzazione*": o primeiro diz respeito a certa disposição vertical da organização das lutas (é nesse sentido que o termo "verticais" havia sido usado no parágrafo anterior); o segundo remete a certa postura de endurecimento de uma posição, especialmente nas negociações sindicais.

TESI 14

La forma-di-organizzazione, nelle attuali condizioni storiche, non può essere altro dalla forma-di-vita. Essa è regolazione non normativa del comune per il comune. Disciplina qui non significa altro che l'organizzazione comune delle indiscipline. La forma-di-organizzazione è il piano di consistenza su cui circolano singolarità e moltitudini, affetti e percetti, strumenti di riproduzione e desideri, bande di amici e artisti indocili, armi e saperi, amori e tristezze: una moltitudine di flussi che entrano in una composizione politica che accresce la potenza di tutti mentre, allo stesso tempo, diminuisce quella dell'avversario.

Orizzontalità proliferante dell'organizzazione nella centralizzazione dell'obiettivo, questa è la disciplina che proponiamo come misura artificiale del processo rivoluzionario in quanto costruzione del partito della sovversione metropolitana.

TESE 14

Nas atuais condições históricas, a forma-de-organização não pode ser algo distinto da forma-de-vida. Trata-se da regulação não normativa do comum pelo comum. Aqui, disciplina não significa outra coisa que a organização comum da indisciplina. A forma-de-organização é o plano de consistência sobre o qual circulam singularidades e multidões, afetos e perceptos, instrumentos de reprodução e desejos, bandos de amigos e artistas indóceis, armas e saberes, amores e tristezas: uma multidão de fluxos que entram em uma composição política que aumenta a potência de todos, enquanto, ao mesmo tempo, diminui a do adversário.

Horizontalidade proliferante da organização na concentração do objetivo, essa é a disciplina que propomos como medida artificial do processo revolucionário enquanto construção do partido da subversão metropolitana.

TESI 15

Nella metropoli gli individui sono solamente il riflesso corporeo del biopotere, le singolarità invece sono le sole ad essere presenze vive e capaci di divenire. Le singolarità amano e odiano mentre gli individui sono incapaci di vivere queste passioni se non attraverso la mediazione dello spettacolo, in modo che vengano governate e neutralizzate ancor prima di poter arrivare alla *presenza*. L'individuo è l'unità di base del biopotere, la singolarità è invece l'unità minima da cui ogni pratica di libertà può cominciare. L'individuo è il nemico della singolarità. La singolarità è ciò di quanto più comune possiamo essere.

TESE 15

Na metrópole, os indivíduos são meramente o reflexo corpóreo do biopoder, ao passo que apenas as singularidades são *presenças* vivas, apenas elas são capazes de devir. As singularidades amam e odeiam, enquanto os indivíduos são incapazes de viver essas paixões sem atravessar a mediação do espetáculo, de maneira que se encontram governados e neutralizados mesmo antes de poderem se tornar *presentes*. O indivíduo é a unidade básica do biopoder; a singularidade, em vez disso, é a unidade mínima a partir da qual toda prática de liberdade pode começar. O indivíduo é o inimigo da singularidade. A singularidade é o que de mais comum podemos ser.

TESI 16

È giunto il momento di mettere in discussione la categoria di "cittadinanza", questa eredità di una modernità urbana che non esiste più in nessun luogo. Nella metropoli essere cittadino significa semplicemente rientrare nel computo biopolitico della governamentalità, assecondare la "legalità" di uno Stato, di una Nazione e di una Repubblica che non esistono se non come gangli della repressione organizzata dell'Impero.

La singolarità eccede la cittadinanza. Rivendicare la propria singolarità contro la cittadinanza è lo slogan che, ad esempio, i migranti ogni giorno scrivono con il loro sangue sulle coste del Mediterraneo, nei Centri di Permanenza Temporanea in rivolta, sul muro di metallo che divide Tijuana da San Diego o sulla membrana di carne e cemento che separa le bidonvilles dei rom dalle scintillanti Inner City della vergogna. La cittadinanza è oramai divenuta il premio di fedeltà all'ordine imperiale. La singolarità, appena può, ne fa felicemente a meno. Solo le singolarità possono distruggere i muri, i confini, le membrane e i limiti costruiti dal biopotere come infrastrutture del dominio.

TESE 16

É chegado o momento pôr em discussão a categoria de "cidadania", essa herança de uma modernidade urbana que não existe mais em lugar algum. Na metrópole, ser cidadão significa tão somente entrar no cômputo biopolítico da governamentalidade, assentir à "legalidade" de um Estado, de uma Nação e de uma República que não existem senão como pontos vitais da repressão organizada do Império.

A singularidade excede a cidadania. Reivindicar a própria singularidade contra a cidadania é o *slogan* que os imigrantes, por exemplo, escrevem diariamente com seu sangue em toda a costa do Mediterrâneo, nos Centros de Permanência Temporária em revolta, no muro de ferro que divide Tijuana de San Diego ou ao longo da membrana de carne e concreto que separa as favelas [*bidonville*] dos ciganos das reluzentes *Inner Cities* da vergonha.[7] Atualmente, a cidadania se tornou um prêmio pela fidelidade à ordem imperial. A singularidade, assim que pode, dispensa-a com alegria. Só as singularidades podem destruir os muros, os confinamentos, as membranas e os limites construídos pelo biopoder enquanto infraestrutura do domínio.

[7] N. d. T.: Principalmente nos Estados Unidos, *Inner City* é uma expressão usada com sentido eufemístico para descrever bairros, em geral próximos à região central das cidades, habitados sobretudo por populações de baixa renda e minorias.

TESI 17

Così come la rendita capitalistica sfrutta parassitaria-
mente lacooperazione sociale metropolitana, *la politica*
coincide con la rendita parassitaria del governo sulle forme-di-vita della moltitudine: l'estorsione violenta o "de-
mocratica" del consenso, l'utilizzo privatamente pubblico
del comune, 'esercizio abusivo di una vuota sovranità sulla società, sono i modi in cui la rendita politica nostrana
si ingrassa all'ombra dei grattacieli del capitale globale.
Nella metropoli solo *il politico* rimane come possibilità di
esercizio del comune e scadenza moltitudinaria per la sua
appropriazione. Non bisogna fare mai della politica, se si
vuole raggiungere "quel punto a partire dal quale non c'è
più ritorno". La politica è sempre una forma del governo.
Il politico, a volte, è rivoluzionario.

TESE 17

Assim como o lucro capitalista explora parasitariamente a cooperação social metropolitana, a *política* coincide com o lucro parasitário do governo sobre as formas-de--vida da multidão: a extorsão violenta ou "democrática" do consenso, o uso privadamente público do comum, o exercício abusivo de uma soberania vazia sobre a sociedade são os modos em que nosso rentismo político local engorda à sombra dos arranha-céus do capital global. Na metrópole, só *o político* permanece como possibilidade de exercício do comum e como prazo multitudinário para a apropriação deste. Não há motivo algum para se fazer política, caso o objetivo seja o de alcançar aquele "ponto de não retorno". A política é sempre uma forma de governo. O político, às vezes, é revolucionário.

TESI 18

La metropoli biopolitica viene amministrata esclusivamente tramite la *governance*. I movimenti, le forze autonome e tutti coloro che hanno *veramente* desiderio di sovvertire lo stato di cose presenti hanno però compreso che quando una lotta comincia non bisogna mai commettere l'errore fatale di andare subito a trattare con essa, sedersi ai suoi "tavoli", accettare le sue forme di corruzione e diventare così *suo* ostaggio. Al contrario, è necessario fin da subito imporgli il terreno di scontro, le scadenze e perfino le modalità della lotta. Solo quando il rapporto di forze sarà stato rovesciato a favore dell'autonomia metropolitana sarà possibile trattare la *sua* resa rimanendo in piedi, ben saldi sulle proprie gambe. La straordinaria insorgenza di Copenaghen dimostra che ciò è possibile, se solo si ha il coraggio di prendere l'iniziativa e perseverare nel proprio essere.

TESE 18

A metrópole biopolítica é administrada exclusivamente por meio da governança. Porém, os movimentos, as forças autônomas e todos aqueles que *verdadeiramente* desejam subverter o estado de coisas atual compreenderam que, quando uma luta começa, não se deve jamais cometer o erro fatal de repentinamente começar a negociar com a governança, ceder às *suas* "mesas", aceitar *suas* formas de corrupção e tornar-se, assim, *seu* refém. Ao contrário, é necessário, desde o início, impor-lhe o terreno do embate, os prazos e mesmo as modalidades da luta. Apenas quando a relação de forças se reverter em favor da autonomia metropolitana será possível negociar a rendição *da governança* mantendo-nos de pé, bem firme sobre nossas pernas. A extraordinária insurgência de Copenhague[8] demonstra que isso é possível, desde que tenhamos coragem de tomar a iniciativa e de perseverar em nosso próprio ser.

---

[8] N. d. T.: Trata-se de uma referência aos protestos contra a desocupação violenta, em março de 2007, de uma Casa da Juventude (*Ungdomshuset*) cedida pela prefeitura à população desde 1982, mas que havia sido revendida pela nova administração municipal a uma entidade privada.

TESI 19

Nella metropoli è nel momento in cui il lavoro è divenuto superfluo che succede paradossalmente che tutti debbano lavorare sempre, intensivamente, dalla culla alla tomba e forse anche oltre; evidentemente la costrizione al lavoro è sempre più scopertamente un obbligo politico inflitto alle popolazioni perché siano docili e ubbidienti, serialmente produttive di merci e occupate individualmente nella produzione di sé in quanto sudditi imperiali. Rivendichiamo il rifiuto del lavoro e la creazione di altre forme di produzione e riproduzione della vita che non siano costrette sotto il giogo del salario, che non siano definibili nemmeno linguisticamente dal capitale, che inizino e finiscano col e nel comune. Il reddito metropolitano garantito potrà essere un fatto del comune solo quando le pratiche di appropriazione e l'estensione delle autonomie sui territori imporranno massicciamente un nuovo rapporto di forze. Fino a quel momento sarà difficile che esso non sia invece – come ad esempio accade nelle proposte locali e regionali del cosiddetto reddito di cittadinanza – un ulteriore passaggio nella frammentazione del comune e nella gerarchizzazione delle forme-di-vita. Inoltre, come ci hanno insegnato le esperienze autonome degli anni 60 e 70, è solo quando si è capaci effettivamente di mettere le nos-

TESE 19

Na metrópole, é bem quando o trabalho se tornou supérfluo que, paradoxalmente, todos devem trabalhar *sempre*, intensivamente, do berço ao túmulo e talvez além; evidentemente, a coação ao trabalho é, de maneira cada vez mais clara, uma obrigação política infinita para as populações, a fim de que se tornem dóceis e obedientes, produtoras seriais de mercadorias, ocupadas individualmente na produção de si enquanto súditas imperiais. Reivindicamos a recusa ao trabalho e a criação de outras formas de produção e reprodução da vida que não sejam restritas ao jogo do salário, que não sejam definidas sequer linguisticamente pelo capital, que se iniciem e terminem com o comum e no comum. O salário metropolitano garantido poderá ser um feito do comum apenas quando a prática de apropriação e a extensão das autonomias sobre os territórios impelirem massivamente a uma nova relação de força. Até lá, será difícil que, ao invés, isso não seja – como acontece nas propostas locais e regionais da assim chamada "renda básica de cidadania" – mais um passo na fragmentação do comum e na hierarquização das formas-de-vida. Ademais, como ensinaram as experiências autônomas dos anos 60 e 70, é só quando nos tornamos efetivamente capazes de colocar as próprias vidas em comum, de

tre vite stesse in comune, di rischiarle nella lotta, che ha senso una qualsivoglia rivendicazione egalitaria. Non c'è mai stata nella nostra storia una rivendicazione economica che non fosse immediatamente politica: se gli operai dicevano "più salario per tutti" per intendere "più potere per tutti", oggi "reddito per tutti" vuol dire "potenza condivisa da tutti".

Come singolarità che hanno scelto di stare dalla parte della sovversione dobbiamo avere il coraggio di costruire e condividere il comune innanzitutto tra di noi. È questo che ci farà potenti.

arriscá-las na luta, que qualquer reivindicação igualitária ganha sentido. Nunca houve em *nossa* história uma reivindicação econômica que não fosse imediatamente política: se os operários diziam "mais salário para todos" por, com isso, entenderem "mais poder [*potere*] para todos", hoje "renda para todos" significa "poder [*potenza*] compartilhado por todos".

Como singularidades que escolheram estar do lado da subversão, devemos ter a coragem de construir e compartilhar o comum *antes de tudo* entre nós. É isso que nos fará potentes [*potenti*].

TESI 20

Una nuova educazione sentimentale è in corso nelle comuni ribelli, la sua invenzione e la sua sperimentazione microfisica è all'ordine del giorno in ogni vera esperienza rivoluzionaria che oggi lotta contro l'Impero. Non si potrà più parlare di amicizia, di amore, di fratellanza e sorellanza, se non come farsi parte dentro l'avanzare strategico dell'insurrezione contro il biopotere e per il comune. Nel momento stesso in cui un'amicizia viene ad esistere, che un amore diviene una forza del comune o una banda si costituisce per combattere il dominio, il loro nemico compare all'orizzonte. La distruzione della metropoli capitalistica potrà essere solo il frutto di un amore irriducibile, dello sforzo comune di tutte quelle singolarità che saranno insorte con gioia contro i sacerdoti della sofferenza e gli sgherri posti a difesa delle Torri del comando.

Il comunismo che viene sarà generato da quelle forme-di-vita della moltitudine che avranno scelto il partito del comune contro quello del biopotere.

Marcello Tarì, 2007
per il Plan B Bureau

TESE 20

Uma nova educação sentimental está em curso nas comunas rebeldes, sua invenção e sua experimentação microfísica estão na ordem do dia em toda verdadeira experiência revolucionária que hoje luta contra o Império. Não se poderá mais falar de amizade, de amor, de fraternidade e de sororidade senão como o tornar-se *parte* do avanço estratégico da insurreição contra o biopoder e pelo comum. No momento mesmo em que uma amizade vem a existir, que um amor se torna uma força do comum ou que um bando se constitui para combater o domínio, seu inimigo surge no horizonte. A destruição da metrópole capitalista só poderá ser o fruto de um amor irredutível, do esforço comum de todas as singularidades que se insurgirão com alegria contra os sacerdotes do sofrimento e os capangas postos para defender as Torres do comando.

O comunismo que vem será gerado pelas formas-de--vida da multidão que escolheram o partido do comum contra o do biopoder.

Marcelo Tarì, 2007
Para o Plan B Bureau

PREPARATE DEI PIANI.

TENETEVI PRONTI.

PREPAREM OS PLANOS.

MANTENHAM-SE A POSTOS.

Sobre o autor:

Marcello Tarì é um pesquisador independente, ou, como gosta de se autodenominar, um investigador de "pés descalços" cujos interesses se centram, sobretudo, na compreensão dos movimentos contemporâneos antagonistas. Tarì vive entre a França e a Itália, lugares onde colaborou com um sem número de publicações e revistas, além de compor diferentes lutas dentro da cidade. Fundador da revista italiana *Qui i Ora* [*Aqui e Agora*], Tarì publicou, entre outros, os livros, *Um piano nas barricadas: por uma história da Autonomia, Itália 1970* (2012, primeira edição *DeriveApprodi*) e *Não existe revolução infeliz: comunismo da destituição* (2017, primeira edição DeriveApprodi; a ser editado no Brasil pela GLAC e n-1 edições).

Sobre o tradutor:

Jefferson Viel é doutorando em filosofia pela FFLCH(USP) e professor do IFILO(UFU). Entusiasta dos movimentos e do pensamento autonomistas, dedica-se à investigação do operarismo italiano e do pós-estruturalismo francês, bem como de seus desdobramentos nas teoria e prática políticas hodiernas.

METRÓPOLE MET TRO
OPOLI METRÓPO
LE METROPOLI MET
TRÓPOLE METROPOL
LI METRÓPOLE METR
TROPOLI METRÓPOLI
LE METROPOLI
TRÓPOLE METROPOL
LI METRÓPOLE MET
TROPOLI METRÓPOLI
LE METROPOLI METRO
ÓPOLE METROPOLI M
TRÓPOLE METROPOL
TRÓPOLE METROPOL

METROPOLI METR
E METROPOLI **METR**
POLEMETROPOLI
METRÓPOLEMETRO
POLI **METRÓPOLE**
METROPOLI **METRÓ-**
ETRÓPOLEMETROPO
METRÓPOLEMETRO
OPOLI **METRÓPOL**
METROPOLI **METRÓ-**
OLEMETROPOLI **ME-**
TRÓPOLE METROPO
ETRÓPOLEMETROPO

A CIÊNCIA SUBVERSIVA DA METRÓPOLE

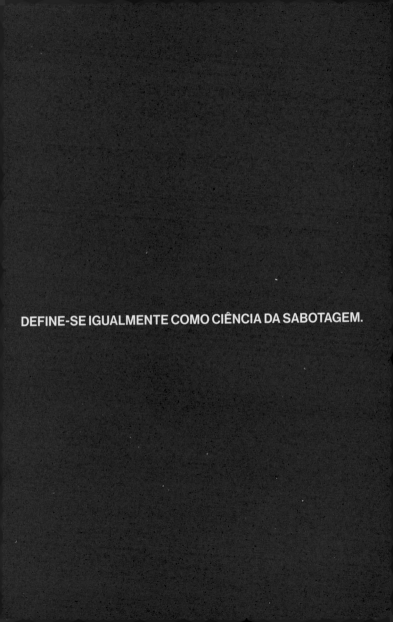

DEFINE-SE IGUALMENTE COMO CIÊNCIA DA SABOTAGEM.

© sobinfluencia edições, 2022.

COORDENAÇÃO EDITORIAL
Fabiana Vieira Gibim, Rodrigo Corrêa e Alex Peguinelli

TRADUÇÃO
Jefferson Viel

PREPARAÇÃO
Alex Peguinelli

REVISÃO
Fabiana Gibim

PROJETO GRÁFICO
Rodrigo Corrêa

Dados Internacionais de Catalogação na Publicação (CIP)
de acordo com ISBD

T186v   Tari, Marcello
           20 teses sobre a subersão da metrópole / Marcello Tari ;
traduzido por Jefferson Viel. - São Paulo : sobinfluencia edições, 2022.
           86 p. : 11,5cm x 16,5cm.
           Inclui bibliografia.
           ISBN: 978-65-84744-15-8
      1. Política. 2. Filosofia. 3. Revolução. 4. Crítica. I. Viel, Jefferson. II.
                            Título.

2022-3870   CDD 320
                                                         CDU 32
           Elaborado por Vagner Rodolfo da Silva - CRB-8/9410
                Índice para catálogo sistemático:

                        1. Política 320
                        2. Política 32

---

sobinfluencia.com

Este livro é composto pelas fontes minion pro e neue haas grotesk display pro e foi impresso pela Graphium no papel pólen natural 80g, com uma tiragem de 500 exemplares